Nur Mut, kleiner Kater

Mit Bildern von Ulises Wensell
Erzählt von Paloma Wensell

Ins Deutsche übertragen von Ursula Willershausen

Ravensburger Buchverlag

Moritz, der kleine Kater, wacht mitten in der Nacht auf.
„Hab ich gut geschlafen!"
Er streckt den Kopf aus seinem Körbchen.
„Nanu, mein Körbchen steht ja nicht mehr da, wo es immer gestanden hat."
Moritz ist in einem fremden Haus.
„Jemand muss mich hierher gebracht haben, während ich schlief", denkt
der kleine Kater. Und seine Mama ist auch nicht da.
„Hab keine Angst, Moritz", sagt er zu sich selbst. „Du bist ja schon groß."
Neugierig kriecht er aus seinem Körbchen, obwohl ihm ein bisschen bang ist.

„Da sind ja mein Katzenklo und mein Futternapf",
denkt Moritz beruhigt.
Hier wohnen aber nette Leute! Sie haben sogar
an sein Lieblingsfutter gedacht!
Der kleine Kater reibt seinen Kopf an allen Möbeln.
„Jetzt riechen sie nach mir. Jeder weiß nun,
dass ich hier zu Hause bin!"
Da sieht Moritz ein Sofa. Er liebt Sofas!
Schwupp ist er oben.
Vorsichtig balanciert er über die weichen Kissen.
„Allein zu sein, ist gar nicht so übel", denkt er.
„Ich kann jetzt tun und lassen, was ich will!"
Da entdeckt Moritz eine Treppe.

„Au wei, ist die Treppe hoch!" Moritz Herz klopft wie wild.
„Nur Mut, Moritz", sagt er dann zu sich selbst.
„Wer mich erschreckt, den kralle-buckle-fauch ich weg!"
Er tapst los. Hopp und hopp und hopp …

Oben angekommen sieht Moritz eine Tür.
„Ob ich sie wohl aufbekomme?", denkt er.
Moritz springt hoch – einmal, zweimal, dreimal – da,
die Tür ist offen …

„Welch komische Tiere wohnen denn hier!", wundert sich Moritz.
Ein großer Zottelbär starrt ihn mit funkelnden Augen an.
„Hallo, ich bin Moritz", stottert der kleine Kater.
Aber statt zu antworten fällt der Bär – oh Schreck! – vornüber …
Der kleine Kater springt zur Seite und will schon Reißaus nehmen.
„Nur Angsthasen laufen weg!", denkt er dann. „Wer mich erschreckt,
den kralle-buckle-fauch ich weg!"
Der Zottelbär liegt regungslos da.
Moritz schaut ganz verdutzt. „Das ist ja nur ein Stofftier!
… und die anderen auch! Vor denen hab ich Angst gehabt?"
Ob sich hier auch lebendige Tiere versteckt haben?
Am besten richtige Mäuse! Er schnüffelt suchend herum.

Da entdeckt Moritz ein Loch in der Wand. Er schnüffelt und kratzt
an der Öffnung herum, steckt dann seinen Kopf hinein –
und plötzlich hat das Loch ihn geschluckt.
Stockfinster ist es hier. Moritz miaut ängstlich.
Nur Mut, Moritz! Wo ein Eingang ist, da muss auch ein Ausgang sein.
Entschlossen tippelt der kleine Kater los.
Und tatsächlich – Moritz findet den Weg aus dem dunklen Tunnel.

Moritz schaut sich neugierig um.
Das ... das sieht doch aus wie die Höhle eines gruseligen Schattenmonsters!
Da, das Ungeheuer streckt seine riesige Pranke nach Moritz aus.
„Miau! Miau!" Der kleine Kater steht wie angewurzelt da.
„Moritz, tu doch was! Aber was?", denkt er. Dann fällt es ihm ein:
„Wer mich erschreckt, den kralle-buckle-fauch ich weg!"
Er zischt und faucht, aber die Pranke des Schattenmonsters
bewegt sich nicht.

Moritz sieht näher hin.
„Das ist ja nur ein alter aufgerollter Teppich!
Davor brauch ich doch keine Angst zu haben."
Mit den Fransen spielen macht Spaß!
Auf einmal sieht er die Leiter und die Luke in der Decke.
„Ob da oben wohl Mäuse sind?"
Er lugt durch den Spalt.

Und wirklich –
da sind Mäuse,
drei Mäuse.
„Die sehen aber komisch aus",
wundert sich Moritz.
„Sie hängen von der Decke und
haben Flügel." Plötzlich schwirren sie
kreuz und quer über ihn hinweg. Moritz
duckt sich. Ihm stehen die Haare zu Berge.
Natürlich sind es keine Mäuse, sondern
Fledermäuse.
Aber das weiß der kleine Kater nicht.
„So merkwürdige Tiere hab ich noch nie gesehen."
Er springt nach ihnen, will sie fangen, faucht und zischt …

Vom Fauchen und Zischen wird Moritz ganz müde.
„Wie schön wär's jetzt, in meinem Körbchen zu liegen", denkt er.
Doch der kleine Kater hat keine Ahnung, wo er ist.
„Wie soll ich nur zurückfinden?" Er sieht sich um.
Die Mäuse mit Flügeln sind auf einmal spurlos verschwunden.
„Sicher sind sie durch das Fenster da entwischt!"
Moritz schnuppert. Es riecht nach frischer Luft.
Erst streckt er seinen Kopf zum Fenster hinaus,
dann kommen die Pfoten …

„Huch, ist das steil!"
Bevor Moritz weiß, wie ihm geschieht,
rutscht er das Dach hinunter.
„Miau, miau!", schreit Moritz entsetzt.
„Miau", antwortet ein großer Kater.
Gerade noch rechtzeitig springt er
zu Moritz und rettet ihn.
Fast wäre er hinuntergestürzt.

„Auf den Dächern herumspazieren will gelernt sein, kleiner Kater!
Soll ich es dir zeigen?", sagt der große Kater.
„Ja, aber später. Jetzt bin ich zu müde. Ich will in mein Körbchen."
„Komm, ich weiß den Weg. Spring zuerst auf diesen Ast da."
„Grrr! Wuff! Gruff!", hören sie plötzlich.
„Hab keine Angst, das ist nur der Hund. Er sieht zwar grimmig aus,
aber wir sind alte Bekannte", sagt der große Kater.

Flink klettern die beiden
den Baum hinunter.
Der Hund schläft tief und fest.
„Sieh mal, das Fenster dort
steht offen. Da kannst du
hineinschlüpfen",
schlägt der große Kater vor.
„Prima", sagt Moritz.
„Kommst du mit?"
Er hangelt sich an der Bank
hoch und schaut den großen
Kater erwartungsvoll an.
„Nein, wir sehen uns
morgen wieder. Schlaf gut,
kleiner Kater!"

„Das Zimmer kenne ich doch. Da steht mein Körbchen!"
Schwupp ist Moritz drin. Er schnurrt zufrieden.
„Eine aufregende Nacht war das", denkt er. „Aber von nun an
werde ich mich nicht mehr vor der Dunkelheit und
dem Ungeheuer und den Mäusen mit Flügeln erschrecken.
Von nun an werde ich zusammen mit dem großen Kater
auf den Dächern herumspazieren und richtige Mäuse jagen."
Mit seinem neuen Freund braucht er vor nichts mehr Angst zu haben.
Moritz fühlt sich richtig behaglich. Er merkt noch, wie ihn
ein Sonnenstrahl kitzelt. Dann fallen ihm die Augen zu.

Bibliografische Information der Deutschen Nationalbibliothek:

Die Deutsche Nationalbibliothek verzeichnet
diese Publikation in der Deutschen Nationalbibliografie.
Detaillierte bibliografische Daten sind im Internet über
http://dnb.d-nb.de abrufbar.

1 2 3 4   16 15 14 13

© dieser Ausgabe 2013 Ravensburger Buchverlag Otto Maier GmbH
Illustration: Ulises Wensell · Text: Paloma Wensell
Übersetzung: Ursula Willershausen
Printed in Germany
ISBN 3-473-44619-3